BEI GRIN MACHT SICH IHR WISSEN BEZAHLT

Franziska Amsel Muheim

Verdrängung

Ein kurzer Überblick zu den psychoanalytischen Grundlagen

GRIN Verlag

Bibliografische Information der Deutschen Nationalbibliothek:

Die Deutsche Bibliothek verzeichnet diese Publikation in der Deutschen National-
bibliografie; detaillierte bibliografische Daten sind im Internet über http://dnb.d-
nb.de/ abrufbar.

Impressum:

Copyright © 2006 GRIN Verlag GmbH
Druck und Bindung: Books on Demand GmbH, Norderstedt Germany
ISBN: 978-3-656-56156-9

Dieses Buch bei GRIN:

http://www.grin.com/de/e-book/70990/verdraengung

GRIN - Your knowledge has value

Der GRIN Verlag publiziert seit 1998 wissenschaftliche Arbeiten von Studenten, Hochschullehrern und anderen Akademikern als eBook und gedrucktes Buch. Die Verlagswebsite www.grin.com ist die ideale Plattform zur Veröffentlichung von Hausarbeiten, Abschlussarbeiten, wissenschaftlichen Aufsätzen, Dissertationen und Fachbüchern.

Besuchen Sie uns im Internet:

http://www.grin.com/

http://www.facebook.com/grincom

http://www.twitter.com/grin_com

Universität Zürich

Klinische Psychologie I

SS 2006

Referat:

Franziska Amsel Muheim

Psychoanalytische Grundlagen II: Psychoanalyse der Abwehr

Die Verdrängung

Die Verdrängung stellt einen dynamischen Prozess dar, der im psychoanalytischen Modell des psychischen Apparates anzusiedeln ist. Bevor dieser Einzelaspekt zur Darstellung kommt, soll das psychoanalytische Modell noch einmal in Erinnerung gerufen werden. Dieses gliedert sich in zwei Teile:

1. Das topographische Modell

klassifiziert psychische Inhalte in Abhängigkeit ihres Bewusstheitsgrads und fasst sie zu Systemen zusammen, die untereinander durch einen **Zensor** geregelt werden:

Das System **Bewusstsein** (Bw) umfasst alle dem Bewusstsein zugänglichen seelischen Inhalte und lässt sich als eine **Ich-Funktion** verstehen. Das heisst, mittels den kognitiven Prozessen Denken, Erinnern, Planen, Schlussfolgern und Urteilen werden in diesem System innere (im psychophysischen Bereich) und äussere (in der Umwelt) Reizkonfigurationen zugunsten optimaler Anpassung, Integration und Bedürfnisregulierung verarbeitet. Dem Bw schliesst sich das **Vorbewusste** (Vbw) an, hier lagern all jene psychischen Inhalte, die zwar momentan nicht bewusst sind, die jedoch willentlich und unwillentlich jederzeit abrufbar sind (Erlerntes und Erfahrungen, die nur in bestimmten Situationen zum Einsatz kommen: z. B. das Steuern eines Autos). Bw und Vbw sind wiederum aus dem **Unbewussten** (Ubw) gediehen, welches den Raum aller nicht zugänglichen psychischen Inhalte umfasst. Im Ubw siedeln sowohl das **Urverdrängte** (Freud 1915b, S. 250f), also der Teil des Ubw, der nie bewusst war (d.h. archaische und vorsprachliche Inhalte) als auch **verdrängte** verfemte Emotionen und Vorstellungen, die teils bewusst, teils nie bewusst waren, und die aus der bewussten Erinnerung eliminiert wurden. Dieses Wegdrücken unerwünschter Bewusstseinsinhalte lässt auf einen Konflikt zwischen den Instanzen schliessen:

2.   Das Drei-Instanzen-Modell

gliedert die menschliche Psyche in drei Teile, die ineinander wirken und in Konflikt geraten können.   Der Kernbestandteil dieses Modells ist das **Ich**, es entspricht dem massgeblichen Steuerungs-, Regulations- und Kontrollorgan der Persönlichkeit, ein starkes und autonomes Ich gewährleistet eine relativ symptomfreie Verarbeitung von Triebimpulsen und Affekten unter Berücksichtigung des Realitätsprinzips (vs. Lustprinzip). Das Ich entwickelt sich via Körper, Sinne, Emotionen und Intellekt ab der Zeugung weit über die Adoleszenz hinaus (Individuierung via Einbettung-Positionierung-Kontrolle) mit dem Ziel, ein Teil einer Gemeinschaft zu werden. Das Ich vermittelt auch zwischen den Instanzen **Es** und **Über-Ich**. Das Es gilt als das Energiereservoir der Persönlichkeit, in ihm sind die angeborenen Triebe und die Grundaffekte beheimatet, hier dominiert das Lustprinzip und das primärprozesshafte und sensumotorisch (Dornes 2003, S.49) geformte Denken. Das Es wird teilweise mit dem Ubw gleichgesetzt, andere begreifen das Ubw als einen Teil des Es. Inhalte aus dem Es sind nur über Deutungsarbeit zugänglich (siehe Traumdeutung). Dem Über-Ich werden die Funktionen des Gewissens und der Selbstbeobachtung zugeschrieben, das Über-Ich kann ich-unterstützend und orientierungsvermittelnd wirken, aber auch verbietend, richtend und zensurierend, es entwickelt sich bewusst und unbewusst aus familiären und kulturellen Geboten und Verboten, Wert- und Idealvorstellungen.

Freud verwendet für das Drei-Instanzen-Modell die Metapher vom Reiter (Ich) auf dem Rücken eines Pferdes (Es) unter der Aufsicht des Reitlehrers (Über-Ich).

Beim Integrationsversuch verschiedener Anforderungen/Triebe können die drei Instanzen aber auch widersprüchliche Tendenzen innerhalb einer Instanz miteinander in Konflikt geraten. Um diesen Konflikt näher zu betrachten, ist ein Blick auf Freuds Triebtheorie erforderlich:

3. Die Triebtheorie

Das Triebsystem ist ein dualistisches. Es besteht aus folgenden Polaritäten (Freud 1913-17, S. 226):

Subjekt - Objekt

Lust – Unlust

Aktiv – Passiv

Der Trieb ist ein angeborenes, innerpsychisches, sich selbst reproduzierendes Grundbedürfnis, das immer wieder nach Entspannung strebt. Im Gegensatz zu externen Reizen kann sich das Subjekt dem Trieb nicht durch Flucht entziehen und mit dem Aufschub der Befriedigung nimmt die Intensität kontinuierlich zu.

Freud unterscheidet folgende **dualistische Triebe**:

Sexualtrieb = Libido (zur Arterhaltung) – Ich-Trieb (zur Selbsterhaltung) (1905 – 1914)

Innerhalb des Sexualtriebs: narzisstische Libido – Objekt-Libido (1914)

Sexualtrieb – Aggressionstrieb

Und bis heute umstritten: Eros – Thanatos d.h. Lebens- versus Todestrieb (1920)

Die **Trieb-Quelle** ist eine physiologische Region, in der ein psychisch erlebter Reiz (innere Spannungen) entsteht, sie ruft einen Affekt oder eine Vorstellung hervor (z.B. Hunger). Sichtbar wird der Trieb durch ein entsprechendes **Verhalten**, das die Neutralisierung der Appetenz anstrebt, und zum jeweiligen **Ziel** führt, im Fall des Selbsterhaltungstriebs z.b. Essen und Trinken, im Fall des Sexualtriebs der Koitus. Der variabelste Teil des Triebs ist das **Objekt**, das lediglich die notwendigen Eigenschaften besitzen muss, die der Triebbefriedigung dienen, ansonsten potentiell austauschbar und ersetzbar ist.

4.   Der Konflikt

Die Psychoanalyse unterscheidet zwischen intersubjektiven Konflikten (Subjekt-Objekt-Konflikt) und zwischen intrasubjektiven, intrapsychischen Konflikten, die teilweise bewusst, häufig jedoch unbewusst sind. Konflikte entstehen im Ich durch divergierende Strebungen, Ansprüche und Vorstellungen zwischen den verschiedenen Instanzen oder innerhalb einer Instanz (**Wunsch-Abwehr-Konflikt**) und führen im pathologischen Fall zu Symptomen psychischer Erkrankung. **Symptome** äussern sich in unterschiedlichen Weisen, sie können als spezifische Verhaltensmuster, als Körperphänomene (Psychosomatik), in Form von sich wiederholenden Beziehungsmustern und als störende seelische Verfassung auftreten. Ein Symptom entspricht einer Kompromissleistung im Wunsch-Abwehr-Konflikt und entsteht durch eine kreative Ich-Leistung in einer Konfliktsituation, die keine andere Lösung zuzulassen scheint. Sobald diese suboptimale Lösung ihre aktuell hilfreiche Funktion verliert, fängt sie an, dem Subjekt Leiden zu verursachen und wird von diesem als ich-dyston erlebt. Da Symptome weder zufällig noch sinnlos sind, können sie durch die Analyse des lebensgeschichtlichen Kontexts begründet und verstehbar werden. Ein Konflikt entsteht also, wenn ein Triebwunsch keine adäquate Abfuhr findet, weil er abgewehrt und somit unterdrückt wird. Freud (1913-1917, S. 219) unterscheidet **vier Triebschicksale**:

Die Verkehrung ins Gegenteil.

Die Wendung gegen die eigene Person.

Die Verdrängung.

Die Sublimierung.

5.   Die Verdrängung

5.1.   Einführung

Die Verdrängung ist ein unbewusster Vorgang, der innerhalb des triebdualistischen Systems der Psyche bedrohliche seelische Inhalte aus dem Bewusstsein entfernt und sie ins Unbewusste abschiebt, das heisst, peinliche, verbotene, peinigende und Angst auslösende Vorstellungen (Gedanken, Bilder, Erinnerungen) werden ‚vergessen' bzw. unbewusst. Sie setzt da ein, wo ein Trieb Gefahr läuft im Hinblick auf eine andere Forderung z. B. vom Über-Ich zu grosse Unlust hervorzurufen. Freud stellt zur räumlichen Veranschaulichung folgende Metapher vor:

„Wir setzen also das System des Unbewussten mit einem grossen Vorraum gleich, in dem sich die seelischen Regungen wie Einzelwesen tummeln. An diesen Vorraum schliesse sich ein zweiter, engerer, eine Art Salon, in welchem auch das Bewusstsein weilt. Aber an der Schwelle zwischen beiden Räumlichkeiten walte ein Wächter seines Amtes, der die einzelnen Seelenregungen mustert, zensuriert und sie nicht in den Salon einlässt, wenn sie sein Missfallen erregen. ... Die Regungen im Vorraum des Unbewussten sind dem Blick des Bewusstseins, das sich ja im andern Raum befindet entzogen; sie müssen zunächst unbewusst bleiben. Wenn sie sich bereits zur Schwelle vorgedrängt haben und vom Wächter zurückgewiesen worden sind, dann sind sie bewusstseinsunfähig; wir heissen sie verdrängt." (1917, S. 305 f.)

5.2.   Verdrängung in der frühen Kindheit

Nach Martin Dornes ist die Verdrängung kein Abwehrmechanismus, sondern eine gereifte Abwehrmassnahme, das heisst, sie ist nicht einfach ein Bestandteil des psychischen Apparates sondern eine erworbene Handlung, eine Regelung, die eine unlustvolle Erfahrung verhindern oder abschwächen soll. Da die Massnahme der Verdrängung eine Ich-Leistung ist, setzt sie frühestens nach etwa dem 2. Lebensjahr ein, wenn das Kind erste Sprachleistungen und somit primärprozesshaftes Denken ‚innerhalb eines Symbolgefüges' (Dornes, 2003, S. 50) entwickelt hat, denn ‚ohne symbolische Repräsentation kann eine Triebregung von der Realität frustriert, aber nicht vom Ich verdrängt werden, weil die Verdrängung bekanntlich nicht am Trieb selbst, sondern an dessen Vorstellungsrepräsentanz einsetzt.' (ebenda)

Das bedeutet, dass zuerst eine Vorstellungsrepräsentanz gebildet sein muss, bevor sie ins Ubw verdrängt werden kann. (Dornes, S. 99; Laplanche und Pontalis, 1967, S. 586, 618)

Dornes vertritt aber in Anlehnung an Jones (1993) die Meinung, dass die Verdrängung beim Kind bereits im vorsprachlichen Stadium einsetzt, hier wird sie nicht an eine Vorstellung geknüpft, sondern an eine Emotion, das heisst, es ist noch keine fortgeschrittene Ich-Entwicklung notwendig.

Laut Freud basiert eine Verdrängung immer – ob unbewusst oder bewusst – auf einem **Motiv**. Die **motivfreie, zustandsabhängige ‚Verdrängung'** (z.B. das Kind dreht den Kopf weg, wenn eine Unlust erzeugende Person auftaucht), die Dornes der frühen Kindheit, also den ersten 18 Monaten zuschreibt, welche durch die Ähnlichkeit mit einer gespeicherten emotionalen Erfahrung wiederbelebt wird, entspricht demnach einem postfreudianischem Konzept.

5.3.   Der Kern der Verdrängung

Verdrängung heisst nicht so sehr Unbewusstmachung als vielmehr Unpersönlichmachung. (Freud, 1940; Klein 1976) Das Beispiel der Zwangsgedanken verdeutlicht dies gut, ihre Hervorbringung wird vom Subjekt nicht als unbewusst sondern als fremde ‚Macht' erfahren. ‚Vielmehr … liegt der Kern der Verdrängung in der motivierten Entpersönlichung psychischer Inhalte.' (Eagle 1988, S. 96f) Mittels Dissoziation werden gewisse psychische Inhalte vom Ich-Bereich entfernt und in einen ich-dystonen Es-Bereich verschoben, auf diese Weise kann das Ich die geforderte Kontinuität und Integrität seiner selbst aufrecht halten. Diese Inhalte werden also nicht dem Bewusstsein, sondern ‚nur' der persönlichen Bedeutung oder Anhaftung entzogen. Zu Beginn schrieb Freud, dass es in der psychoanalytischen Therapie darum ginge, Unbewusstes ins Bewusstsein zu überführen (1904, S.8), später erweiterte er seine Formulierung durch den bekannten Satz: ‚Wo Es war, soll Ich werden', das heisst, er wechselte den Fokus vom Zustand bewusst-unbewusst auf den Prozess der Bewusstwerdung. Damit betonte er den Integrationsprozess der als fremd und unwillkürlich erlebten Gedanken und unberrschbaren Impulse vom Es- in den Ich-Bereich. Während Freud im Es den Pool somatischer Triebkräfte lokalisiert, die sich dem psychischen Ich entgegenstemmen, sieht Eagle (1984, S. 158) das Es als den Bereich an, in den das Ich die nicht akzeptierten seelischen Inhalte verbannt und somit von sich entfernt.

5.4. Die Verdrängung als Trieb

Cordelia Schmitt-Hellerau determiniert in ihrer Formalisierung der Triebtheorie (2003) die **Verdrängung als antagonistischer Trieb**. Sie geht der Frage nach, welche Grösse jener Kraft zugeschrieben werden könne, die den Trieb verdrängt. Dazu zitiert sie Freud, der in der Logik seines Modells antwortet: ‚Wenn es nur zwei Grundtriebe geben soll (Dualismus), von denen der eine die Kraft zur Unterdrückung = Verdrängung des andern hat, dann ist die Verdrängung als Triebvorgang aufzufassen, und folglich gilt: *die Aktivierung des Sexualtriebs aktiviert den Ich-Trieb als Verdrängung und die Aktivierung des Ich-Triebs aktiviert den Sexualtrieb als Verdrängung.*' (S.154)

Freud geht dabei von einer ‚quantitativen' Grösse aus, ein Zuviel des einen zieht eine grosse Verdrängungsmassnahme des andern nach sich. ‚Im Falle der sogenannten ‚Verdrängung des Sexualtriebs' ist der Ich-Trieb ‚stärker', im Falle der ‚Wiederkehr des Verdrängten' liegt ein Erstarken des Sexualtriebs vor.' Das optimale Funktionieren des psychischen Apparats wird von Freud demnach quantitativ auf einem ausgewogenen, mittleren Erregungsniveau angesiedelt, was darüber hinaus geht, löst Unlust und in der Folge Verdrängung aus, und was zu sehr nach Innen verbannt wurde, wird dann nicht mehr wahrgenommen (Freud 1950c/1950a, S.405)

5.5. Die Aufhebung der Verdrängung

In der Psychoanalyse werden verdrängte seelische Inhalte durch das Deuten freier Assoziationen zum Beispiel anhand manifester Traumbilder (der Traum als via regia zum Unbewussten) zum Bewusstsein gebracht und bezüglich Ursache-Wirkung sinnvoll in die Lebensgeschichte des Analysanden eingebaut. Basierend auf der Annahme, dass Enthüllung falscher Vorstellungen zu einem ‚gelungenen Leben' im aristotelischen Sinn führt, soll die Person ein starkes, selbstbestimmendes Ich entwickeln, das in der Lage ist, divergierende Triebkräfte in Einklang zu bringen, ohne durch inadäquate Abwehrmassnahmen in belastende Konflikte zu geraten.

6.   Fragen

A) Was genau stellt die Metapher vom Wächter dar? Entspricht der Wächter/Zensor dem quantitativen Modell zufolge einer ,Waage'(eine andere Metapher), die ein Ungleichgewicht der dualistischen Triebe registriert und anzeigt und dadurch den einen Trieb zur Verdrängung seines Antagonisten motiviert?

B) Wenn die Metapher des Wächters mit der Metapher einer Waage ersetzt werden soll, wo könnte eine solche psychophysiologisch lokalisiert sein?

C)   Was geschieht mit verdrängten seelischen Inhalten, die ins Bewusstsein gelangt, verstanden und sinnvoll begründet worden sind? Wenn überhaupt, welchen und wie viel Aufwand braucht das Ich, um mit diesem neuen Bewusstseinsinhalt künftig umgehen zu können (z. B. Trauma), d.h. ihn nicht erneut abzudrängen?

D) Was genau erfolgt auf die Bewusstmachung eines verdrängten seelischen Inhalts auf den Ebenen des Denkens, Fühlens und Verhaltens, bzw. was ist notwendig, dass die Akzeptanz des Verdrängten auf allen Ebenen erfolgt?

7. Literatur

1. Boothe, B. et al. (1998): *Über das Wünschen.* Göttingen: Vandenhoeck und Rupprecht.

2. Boothe, B. (2005): SS-Vorlesung: Allg. u. spezif. psychoanalyt. Themen: Traum u. Traumanalyse. Zürich: Universität Zürich.

3. Dornes, M. (2003): *Die frühe Kindheit. Entwicklungspsychologie der frühen Lebensjahre.* Frankfurt a. M.: Fischer Taschenbuch Verlag GmbH.

4. Eagle, M. (1984): *Neuere Entwicklungen in der Psychoanalyse. Eine kritische Würdigung.* München – Wien: Verlag Internationale Psychoanalyse, 1988.

5. Eagle, M. (1988): *Psychoanalysis and the personal.* In: P. Clark u. C. Wright (Hrsg.): Mind, Psychoanalysis and Science. Oxford (Basil Blackwell), S. 91 – 111.

6. Freud, S. (1999): *Gesammelte Werke Bd. X u. XI.* Frankfurt a. M.: Fischer Taschenbuch Verlag GmbH.

7. Jones, B. (1993): Repression. *The Evolution of a psychoanalytic concept from the 1890's to the 1990's.* J. Amer. Psychoanal. Assn. 41: S. 63 – 93.

8. Laplanche, J. u. J.-B. Pontalis (1967): *Das Vokabular der Psychoanalyse.* Frankfurt a.M.: (Suhrkamp) 1972.

9. Mertens, W. (2000): *Psychoanalyse. Geschichte und Methoden.* München: Verlag C. H. Beck.

10. Schmidt-Hellerau, C. (2003): *Lebenstrieb und Todestrieb, Libido und Lethe.* Giessen: Psychosozial-Verlag.